开课了！博物馆

国宝里的历史课

安迪斯晨风 瑶华 著

山东电子音像出版社
·济南·

「开课了！博物馆」

序言

孩子渐渐长大，做家长的往往会有一种无力感。

前年春天，上小学的女儿突然吵着要去博物馆。原来，她玩的一款游戏里面有一只猫头鹰开了家博物馆，展品琳琅满目，令她十分向往。

然而，当我真的带她走进中国国家博物馆参观时，发现小小的她有点儿"叶公好龙"。一开始她还挺兴奋的，结果走到"古代中国"展区的"春秋战国时期"，连秦始皇的脸都没见着，她就开始不耐烦了，一会儿说"我好累"，一会儿又想吃冰激凌，无奈，我只好和她一起悻悻而归。

回家之后我便开始反思，女儿明明很喜欢博物馆的氛围，又很有求知欲，那为什么看展的时候，很快就对一件件在我眼里瑰丽万端的国宝失去了兴趣呢？

很快，我就想明白了，对于一个才上小学的孩子来说，那些珍贵的文物太"冷"了，也太"静"了。

当看到"后母戊鼎"时，我会联想到三千年前古人科技制造中的智慧，想到这件文物和商王的故事，和祭祀的关系，还会联想到"三足鼎立""大名鼎鼎""问鼎中原"等很多成语……

换句话说，在稍微有些相关阅历的人眼中，文物是会说话的，它们把历史、文化、科学、艺术等各个领域的知识连起来，荡漾出一圈又一圈文化凝成的"光环"。但是对我女儿来说，她看到的只是一座带着青绿色锈迹的长方体，甚至还有可能觉得"不就是一堆破铜烂铁，古人也没什么了不起"……

随后，一个想法突然闪现 —— 如果能拥有一本从博物馆出发、跨学科深度挖掘文物奥秘的儿童通识读本，孩子们参观博物馆时就不会觉得枯燥乏味了，还能拓宽他们的视野，让他们感受到通过文物进行跨学科学习的快乐。文物，不仅仅是"历史上遗留下来的物品"，它们是活生生的，我们应该还原它们的本来面貌，讲出和它们有关的那些故事和知识，讲出它们对于我们的当下和未来的价值和意义。比如说，东晋时期的文物"鹦鹉螺杯"，它的螺旋线中便藏着现代数学中的"黄金分割"原理；再比如青铜器"云纹铜禁"的制作技术 ——"失蜡法"，在今天的航空航天制造领域中仍然有所运用；还有东汉说唱俑绝妙的"说唱表演"，从炖肉大锅变成礼器的青铜鼎……至今仍然深刻地影响着我们现代人的生活。

于是，我决定自己编写一套，想试着将自己看到的文物背后的璀璨世界呈现给孩子们。我想，这些知识最好还能和当下的小学课程体系结合起来，这样就能更容易地帮助孩子们把散落在不同时空的知识填到他们的知识框架里。有了知识框架，孩子们以后再往里面填东西，就容易得多了。

我找到擅长写作科学普及文章、同时还是一位母亲的作者瑶华聊我的想法。她听后非常兴奋，跃跃欲试。

然而等我们真的上手搜集资料时，才发现这个选题很不好写。因为文物涉及的知识太多了，想要通俗易懂地讲清楚它们的来龙去脉，以及涉及的知识点，需要很大的篇幅，但我们这套书又是针对孩子的，他们真的能毫无滞涩地读完吗？

我做了一个小实验，把其中几章讲给女儿听。一开始，她是拒绝的，因为初稿确实写得比较晦涩难读，只顾往里面加知识"佐料"，却忽略了入口的"味道"。后来，我和瑶华老师就在编辑的策划建议和帮助下，对整套书的框架体系和每一篇文章的内容细节进行了删减和修订，在保留知识脉络的同时，把大块的文字改成一个个小块，能用插图直观呈现的知识点，尽量使用插图。等到最后成书的时候，已经不知道修改了多少遍。

当然，我们也不会只顾通俗性，而忽略了其中的知识严谨性。我们专门邀请了历史专家于赓哲老师审读，保证历史知识的专业无误；数学、科学等方面的知识更是经过相关专业的老师以及出版社编辑们的多轮审定和修改。

这套书从筹备、落笔到后期编辑，历经 3 年终于完成。我希望每一个孩子读完这套书之后，再去参观博物馆时，能够深切地感受到文物所散发的魅力！

安迪斯晨风

目录

史前时代　　夏商周　　秦　　　汉　　　魏晋南北朝

唐　　　宋　　　元　　　明　　　清

良渚文化玉琮王

杭州·浙江省博物馆

2019 年 7 月 6 日，第 43 届联合国教科文组织世界遗产委员会会议正式宣布——中国"良渚古城遗址"列入《世界遗产名录》！这意味着"中华上下五千年"这个说法，终于得到了国际社会的广泛认可与赞誉。

国际学术界曾经长期认为中华文明只始于距今3500年前后的殷商时期。

高 8.9 厘米
重 6.5 千克

良渚古城遗址在今天的浙江省杭州市余杭区，良渚文明是人类创造的最古老的文明之一。如果要给良渚选一个"代言人"，那一定是玉琮。玉琮是良渚人用来祭拜神灵和祖先的一种礼器，其中最大、最重、做工最精美的一件被世人称作"玉琮王"。

玉琮王整体呈现出一种特殊的"鸡骨白"色。

玉琮王是一个四角凸起的方柱体，中间钻有对穿的圆孔。

向外凸起的四角被称作节面，节面上刻着变形夸张的鸟纹。

外壁的凹槽，上下各刻有一个完整的"神人兽面"图徽，像是一位头戴羽冠的神人骑跨在一只瞪着大眼睛的神兽之上，威风凛凛。图徽就跟火柴盒差不多大，高不到 3 厘米、宽不到 4 厘米，雕刻图徽的线条仅有 0.1～0.2 毫米，细如发丝。

良渚文化玉琮王

良渚文化玉琮之首，是最古老的人类文明——良渚文明的代表，被列入中国首批禁止出国（境）展览文物。

跨越中华五千年文明

玉琮王与良渚

《山海经》中记载了一座"浮玉之山"，这座山就是穿过良渚的天目山脉。5000 多年前，依山而居的良渚先民们就已经十分喜爱玉器，他们的贵族会佩戴各种玉器，用玉装饰头冠、衣物，祭祀的时候更是要用玉作为礼器。玉琮就是祭祀用的最重要的礼器之一。

良渚遗址出土了 40 余种玉器，总数多达 15000 余件，其中玉琮、玉璧和玉钺（yuè）是良渚古国最重要的 3 种礼器。

玉琮王出土于反山 12 号墓，和它一起出土的还有 1100 多件雕琢精美的玉器。墓主人的冠帽、衣物上都装饰着各种玉饰。玉琮王就放置在墓主人胸腹部的位置，在这个位置，主人双手向前正好能够捧起玉琮，就像祭祀时的姿势。在当时，能够有资格主持祭祀的一般都是部落首领或者国王。反山 12 号墓的主人正是良渚文化中期的一位国王。

每当丰收或祭日时，作为国王，他会戴上玉梳背、玉管串、玉镯等玉器，并戴上象征国王身份的用玉装饰的羽冠，一只手拿着代表王权的玉钺，另一只手捧着用来沟通天地神灵的玉琮，举行隆重的祭祀典礼。

玉琮王上最引人注意的还是雕刻在上面的的神人兽面纹，这是良渚人信仰的神徽。

神徽上半部分的人，据说是良渚的英雄，他神力无穷、智慧无双，既可以驯服凶猛的野兽，又能带领族人修建城墙和建筑，被人们看作保护神。

后来，良渚人把他的形象和神兽相结合创造出新形象。只见他头戴羽冠，驾着身下的神兽——神兽瞪着巨大的卵圆形眼睛，长着尖利的獠牙，似乎随时都会迎面扑过来。

良渚的各种玉器、象牙器上都雕刻有神人兽面纹神徽，这些神徽被视为守护良渚王国的神圣象征。神徽都用细密的线条雕刻绘制而成，绘制的线条往往比头发丝还要细。在坚硬的玉石、象牙上竟然雕琢着如此复杂细密的图徽，但四五千年前的良渚，尚未出现金属器物，而且这样复杂的神徽随处都可以见到。难道这样精细的手工艺技术已经很普遍了吗？

其实，早在5000多年以前，良渚土地上就已经建起了城市。在已经发掘的良渚古城遗址中，考古学家们发现了城内分布着的多个玉器工坊。这一发现揭示出当时的良渚已经有了明显的社会分工，出现了专门从事手工业的劳动者。

良渚的城市和我们今天的城市一样吗？除了玉器工坊，城内还有什么？不如我们一起去看看5000年前的良渚王城和良渚文明吧！

5000 年前的"大城市"——良渚

大约在 5300 年前，长江下游的太湖平原温暖湿润，人们依水而居，栽种稻米，捕捞鱼虾，建造房屋，饲养家畜……后来，居住的人越来越多，他们便决定建造一座史无前例的大城市，经过详细规划并精心建造以后，被后人誉为"中华第一城"的良渚古城诞生了。

良渚人修建了宏伟的城墙，他们把石块铺在最底下，然后再用黄土堆筑高高的城墙——直到现在还存有 4 米多高的古城墙遗迹。城墙东西长 1500 ~ 1700 米，南北长 1800 ~ 1900 米，总面积达 290 多万平方米，相当于 4 个故宫那么大。

同样靠近宫殿的，还有一处大型仓房。

随着居住的人越来越多，良渚人又开始在城外修建居住地，就这样形成了"宫殿区、内城、外城"内外 3 层的城市结构，有点儿像明清时期的北京城。

处花费大量人力物力修筑的
台墓地，出土玉琮王的反山
? 号墓就在这里。

城中心是莫角山宫殿。良渚人筑起一座十几米高的台基，在台基上建起宫殿。良渚国王就在这里居住。

良渚手工业工艺发达。靠近城墙的地方，是各种作坊和匠人聚集的地方，比如制作各种玉器的玉工坊和匠人就都聚集在这里。

城内贵族和富人紧临宫殿区居住。

在良渚古城之外，还有 11 个防御洪水的大型水利工程，用来防洪、蓄水、灌溉。良渚人还挖掘了大量的人工河道，让城内城外的水域连接起来，这样大家坐船就可以直接到家。

据考古学家推算，仅莫角山土台的人工建筑方量就达到 228 万立方米。整个良渚古城加上外围水利工程，土石方总量更是超过 1005 万立方米。假设 1 万人参与工程，每年农闲时间干活 100 天计算，要完成这么大规模的建筑量需要 27.5 年！如此庞大的工程和施工团队，可不是一般的部落首领能组织管理好的。因此，考古学家认为，良渚时期已经出现了最早的国家。著名的大思想家恩格斯认为，国家的出现是"文明"形成的标志之一。

突然消失，
但永不消逝的良渚文化

因自然环境优越、气候宜人、生活设施完善，上万良渚人在余杭安居，一住就是 1000 年，建设了辉煌壮丽的良渚文明。然而，良渚文明仿佛在一夜之间销声匿迹。良渚文明到底是因何消失的？无人知晓。但是，良渚文明给后世留下了丰富的文化遗产，尤其是良渚的玉器文化，更是影响深远。

良渚的玉器传播影响了大半个中国。陕西延安芦山峁（mǎo）、神木石峁遗址，山西陶寺遗址，甘青地区齐家文化和广东石峡文化中都发现了良渚的玉琮。

到了商周以后，玉更是成为华夏文化的代表。《周礼》中提及用 6 种玉器来祭拜天地和四方神灵，其中就包括用来祭拜土地的"黄琮"。周代的统治阶级制作了大量玉制礼器和佩器，不同名称、形制、规格、用途的玉器体现不同的等级功能。

古人把做人和玉联系起来，认为一个品行高洁的人就应该像美玉一样，并且说君子就应该要佩戴玉器——"古之君子必佩玉"（《礼记》）。

从这个意义上说，良渚文化应当是中华文明无可争议的源头，至少也是源头之一。

君子应该具有玉一样的品德.

后母戊鼎

1939 年，日本侵略者气势汹汹地冲进安阳市武官村，威胁村民交出"宝物"。

他们是为了村里刚挖出来的那只大鼎来的。那只鼎又大又重，40 多位村民连续"作战" 3 个晚上才抬上来，明眼人一看就知道，这是一件举世无双的国宝。这可怎么办？

带耳高 133 厘米

口长 110 厘米

口宽 79 厘米

重 832.84 千克

- 后母戊鼎上面竖着两只"耳朵"，腹部是长方形，另外有四根圆柱做支撑，威风凛凛、霸气十足。

- 鼎耳上的纹样十分吓人，两只老虎对着中间的人张开血盆大口，中间的人却很平静，这样的纹样叫作虎噬人纹。这些看起来吓人的纹样，让鼎看上去更加神秘、威严、凝重，商王室也借此彰显自己的权威。

- 鼎腹四周、鼎足布满了各种精巧的纹饰，主要是云雷纹和饕餮纹。饕餮是传说中一种贪吃的神兽，古人选择将饕餮纹铸造在鼎上，是为了教化后人：不可贪食过甚。

后母戊鼎

商王用来纪念母亲所铸的青铜器，是目前已知中国古代最重的青铜器，呈现出中华文明曾经的辉煌与强大，被称为"中华第一鼎"。

据说，村民们最后用一只没有纹饰的青铜器代替宝鼎交给日本侵略者，随后把宝鼎重新埋回地下，并多次转移埋藏地。直至抗战胜利，宝鼎才重新被挖出来。

这只鼎被命名为"后母戊鼎"，因为它的腹部内壁铸有"后母戊"3个字。不过，也有学者认为是"司母戊"。

第一次见到后母戊鼎的人，都会对眼前的"庞然大物"感到震惊。它重达832.84千克，大概相当于15个成年人的重量，是目前已知中国古代最重的青铜器。

"礼重在祭"，
从烹饪之器到传国重器

镇国之宝是怎么铸成的

公元前 1192 年，商王武丁去世。新商王继位后，命令工匠打造出史上最大的一只鼎，以纪念自己的亲生母亲戊。

为什么新商王要为母亲铸造这么大的一只鼎呢？因为在商朝人的观念里，鼎越大、越重，就代表地位越高。

商王武丁有 3 位王后，其中一位是赫赫有名的女将军妇好，妇好墓中有一只相当华美的后母辛鼎。新继位的商王是王后妇妌（jìng）所生，他继位后要求制作一只更大的鼎来敬献给自己的母亲，很可能是想要显示自己的威权。

最后制成时，后母戊鼎的重量约为后母辛鼎的 6 倍。

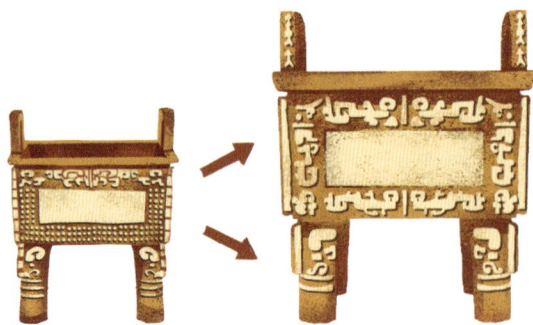

后母辛鼎　　　　后母戊鼎

鼎的腹内壁刻有"后母戊"3 个字。这里的"后"是"伟大、了不起、受人尊敬"的意思，"后母戊"表达将此鼎献给"敬爱的母亲戊"之意。

铸造一只832.84千克的青铜器，在今天也是一项不容易的大工程。至少要备足1000千克以上的金属原料，准备好巨大的熔炉，从采矿、冶炼、运输、合金、铸造到修饰等，各道工序都需要大量的熟练工人进行精细操作。

在当时的生产力条件下，后母戊鼎的制作达到了技术上的极限，堪称铸造工艺史上的一个奇迹。这充分说明商代后期的青铜铸造不仅规模宏大，而且组织严密、分工细致。后母戊鼎足以成为高度发达的商代青铜文化的代表。

按照商周时期青铜器的铸造方法，先用泥土制作一个和成品一样的模具，晾晒、焙烧后，在模具内外都贴上泥，制成内外两个不同的陶范，再把陶范割成块脱下来拼合在一起，最后在内外陶范的空隙中浇灌配好的金属熔液，等到熔液冷却后敲掉陶范，就能得到成形的青铜器。

看上去似乎很简单，但实际的困难不只如此。在灌注过程中，金属熔液冷却速度很快，这就要求必须在较短的时间内一次性注完。此外鼎身各部分厚度不同，冷却的时间也不同，工匠们必须反复计算模拟，做好协调工作，才能快速完成浇铸。也许，后母戊鼎就是这样反复制作了许多次才成功的。

传说中的九鼎故事

巨大的青铜鼎不仅代表了君王的威权，更是国家强大的象征。

《山海经》里记载，上古时代的夏王大禹治水成功以后，把天下划分成了 9 个州。9 个州分别画了一张本州情况汇总图，连同一块青铜，一起上交给禹，代表服从禹的统治。禹用青铜铸鼎，把图刻在了 9 只大鼎上，用来代表九州。

打 9 只鼎来代表九州。

夏

虽然后面历朝历代的统治疆域不断扩大，早就不限于原来九州的范围，但直到今天我们还是习惯用"华夏九州"称呼中国。

夏朝灭亡后，九鼎归商朝所据有，周朝起兵推翻了商朝，九鼎又归周朝，代表着周王统治国家的合法性。史书《左传》详细地记述了这个过程："桀有昏德，鼎迁于商，……商纣暴虐，鼎迁于周。"意思是说：夏王桀昏庸，九鼎就转给了商朝；商纣王残暴杀虐，九鼎就归周朝所有了。

周朝建立后做了一件影响深远的大事，叫周公制礼，就是在国家制度层面上建立起严密的礼制。礼制把人们的衣、食、住、行和使用器具等都进行了等级划分，地位越高能用的东西就越大、越多。礼制对青铜容器更是规定得详尽周密：天子可享用九鼎八簋，诸侯七鼎六簋，大夫五鼎四簋，上士三鼎二簋，下士一鼎一簋。随着等级、身份、地位标志的逐渐演化，鼎逐渐成为王权的象征。

西周灭亡以后，周王室的影响力下降，越来越管束不了地方诸侯。为了彰显实力和等级，诸侯们开始随意铸造大鼎。有些诸侯甚至打起了周朝九鼎的主意，列鼎制度名存实亡。等到秦朝统一天下后，更是把九鼎据为己有。可惜秦朝灭亡之后，九鼎也下落不明了。

问鼎

楚庄王借攻打洛阳附近的陆浑戎之机，把军队陈列在附近的洛水炫耀武力。周定王派王孙满前去慰劳，楚庄王却趁机向他打听九鼎的大小轻重。王孙满对楚庄王僭越礼制的行为深感恼火，他义正词严地教训了楚庄王："鼎的轻重，这不是你可以问的！"此后，"问鼎"成了夺取政权或企图篡位的代名词。

九鼎到底有多重？

这不是你可以问的！

从烹调用具到国之重器

其实最早的时候，鼎只是古人用来煮肉的"锅"。早在 7000 多年前，中国就出现了陶制的鼎。到了商代，鼎更是先民生活中的必需品。

甲骨文"鼎"最上边是两个提耳，下边是用来站稳的脚，中间口字模样的腹部是用来装食物的。在使用的时候，人们把食物放到鼎腹中加水炖煮，鼎下烧火。煮好以后，将食物分装至较小的鼎中，就可以开吃了。鼎既能当炊具，又能当餐具。

我们仔细观察甲骨文"鼎"，会发现它的样子像一只萌萌的小猫。

鼎的用途非常广泛，商朝人总结：鼎可以用来烹煮大小肉块，温热和盛放鱼肉，熬煮稀饭，烧水或煮汤浆，陈设熟食，进献食物，盛黍稷稻粱做的饭，盛置调味品……还可以用于祭祀，做征战、出行和田猎时的用器，做陪嫁用品，以及当作供赏玩的艺术品。

什么原因让鼎摇身一变成为高高在上的礼器？

可能跟殷商时期重视祭祀制度有关。祭祀就是向神灵以及祖先进献祭品，以求神灵与祖先的护佑。鼎一般被用来盛放祭品，慢慢就被赋予了神圣使命，人们认为它具有通灵和祈福的作用。鼎也就慢慢摆脱了"锅""餐具"等炊具的束缚，变为国家重要的礼器，代表天子的威权，后来更是成为国家的象征。

自 20 世纪 20 年代殷墟发掘以来，考古工作中已经发现青铜鼎数千件。3000 多年的演变，使鼎文化深入人心。直到现在，人们仍然用"定鼎"象征王朝的建立，将身居要职的重臣称为"鼎足"，称名声显赫的人物"大名鼎鼎"，形容人说话分量很重叫"一言九鼎"。

当时人们认为一个国家的头等大事只有两件——祭祀和战争。

云梦睡虎地秦简

武汉·湖北省博物馆

长 23.5～27.8 厘米
宽 0.5～0.8 厘米

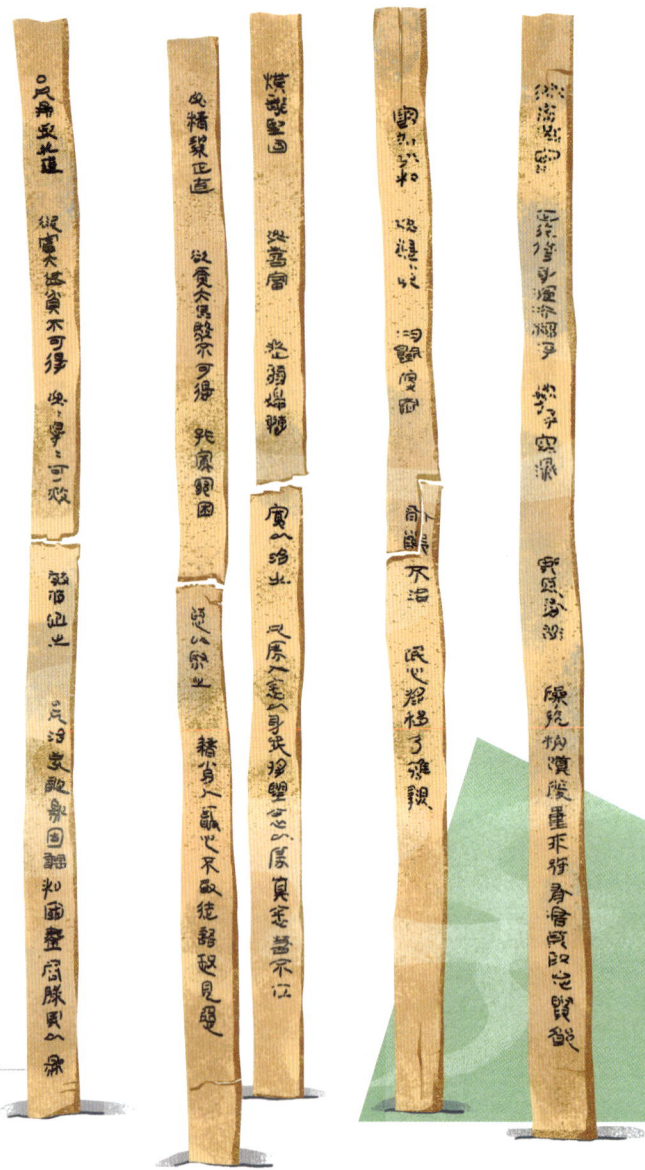

世界上最热爱工作的人是什么样的？你一定想象不到，有一个人会把工作资料装到棺材里陪伴自己。

1975 年冬季，考古工作者在湖北省云梦县发现了一片古代墓葬群。其中 11 号墓让大家大吃一惊，它的墓主几乎要被竹简淹没了。

经过判断得知，这片墓地是 2000 多年前的秦墓，加之墓地所在的地方传说曾埋葬过一位战功赫赫的虎将，所以被命名为"睡虎地秦墓"。11 号墓地出土的竹简也有了一个威风凛凛的名字 ——"睡虎地秦简"。

睡虎地秦简总计 1155 枚，残片 80 枚，竹简字迹大部分还比较清晰，所记载内容字数约 4 万。按照内容，竹简可以分成 10 个部分。其中大部分与法律有关，包括法律律文摘记、法律解释等；除此之外，还有《语书》《日书》《为吏之道》，以及墓主人人生大事记录。

竹简的主人是一名叫作喜的秦代基层官吏，一直负责法律相关的工作，这些简牍大部分是他生前的工作资料和记录。

古人非常重视死后的待遇，墓主一般会将生前最爱或最贵重的东西贴身放置随葬。喜的棺中有大量与工作有关的竹简，可见生前必然是个热爱工作的人。竹简可能就放在他的案头，常常翻读。

云梦睡虎地秦简

湖北省睡虎地秦墓中出土的大量竹简，包括大量公元前221年秦统一中国前后的法律文献，是首次系统发现的秦律，具有重要价值，禁止出境展览。

"工作狂"法官记录的"大一统"时代

基层法官和他热爱的工作

　　睡虎地秦简的主人喜是一名普普通通的秦国的基层小官，史书中没有记录他的姓氏，所以专家也不知道他的全名叫什么。陪伴了他 2000 多年的睡虎地秦简中，一篇《编年记》十分简略地记载了他的一生。

秦王政元年

公元前244年

喜 参加工作、参军

公元前246年

喜 登记名籍服徭役

公元前262年

喜 出生

● 虽然他的家乡安陆（现在的湖北省安陆县）在
他出生前不久还属于楚国，但他从来都以秦国
人自居。

嬴政统一六国，自称
"始皇帝"，建立秦朝

公元前221年

公元前217年

喜 在任上去世

公元前234年

喜 参军

秦王政三年（公元前 244 年）八月，喜开始从事与文书相关的工作，后来因为表现出色被提拔为御史，即县令手下负责记事并掌管文书的随从。喜后来历任令史、狱吏等，大概相当于公安警务人员或法院工作人员，长期战斗在基层法律工作一线。

喜 任史、御史、令史、狱吏

喜作为法律工作者，并未做过什么惊天动地的大事被写进史书，但是一直以来都十分敬业，付出巨大心血把法律条文、法律解释抄录在筷子那么粗的竹简上，详尽记录了他在工作中碰到的案例和解决办法。

正是因为他数十年如一日地勤谨记录，以及让工作记录与自己同葬这不同寻常的举动，才能让后人在2000多年后，窥见一个帝国的崛起与衰亡，窥见一个"大时代"和"小人物"的故事。文物从来都不是"死"的，它承载着千百年前传递来的文明密码。

喜有关法律的记录可以分为3类。

1 法律条文，其中以《秦律十八种》为代表，囊括了秦国近30种法规的部分内容。

2 法律解释，即《法律答问》，它以问答的形式解释了法律到底是怎么运作的。这部书也可能是考核新法官的学习材料。

3 有关诉讼制度的规则，以《封诊式》为代表，里面也有很多真实案例，其中关于现场勘验、法医检验等的内容讲得非常详细。

如果你想穿越到秦朝做一名法官的话，就一定要读这些"司法考试辅导书"。

竹简与统一

喜出生的时候，他的家乡安陆并不属于秦国，他的一生，正好见证了中国第一次真正意义上的大一统。

喜生活的年代往前推约100年，秦国国君秦孝公发布了"求贤令"，希望有能力的人可以辅助他。卫国有一个叫商鞅的人前来投奔他。最后，秦国由商鞅主持，开展了轰轰烈烈的变法运动。

商鞅变法最重要的内容之一，就是制定严密而细致的法令，生活中的一切事务，大到杀人抢劫，小到耕田、处理垃圾等都有详细的相关规定。

《秦简·田律》

《秦简·田律》规定，早春二月，不许到山林中砍伐树木；不到夏季七月，不许烧草以及采摘刚发芽的植物；不许捕捉幼鸟幼兽，不能毒杀水生动物，也不能用陷阱或网捕捉野生动物及鸟类。

商鞅立木取信

法令制定好之后，商鞅担心大家不相信新法，于是专门在都城南门外放上一根木头，告诉大家只要把木头搬到北门，就可以领 10 金。直到赏金提高到 50 金，才有一位胆大的路人把木头搬到了北门，商鞅马上让人奖励了他 50 金。人们这才相信商鞅没有骗人。

秦法实行了严苛的奖惩与追责制度，重塑了秦国人的精神。

秦法中规定了 20 级军功爵位。

一个平民出身的普通士兵只要在战场上英勇杀敌，就可以凭借军功获得爵位，并一级又一级地晋升为贵族。对于获得爵位的士兵，政府会在户籍地奖励其土地、房屋、奴仆，而且爵位还可以由后代继承。这些奖励能改善士兵家人的生活。

如果兵器造得好，或是养牛的数量超额（农业社会重视耕种也重视耕牛，所以当时每个县都有养牛的任务），负责人也能获得大量奖励。

诱人的奖励制度鼓舞秦国民众奋勇争先、英勇作战。与此同时，严峻的惩罚措施和严厉的责任追究制度又让每一个秦国人都不敢懈怠。

死

如果士兵在战场上贪生怕死、临阵脱逃，会获得死罪，还可能牵连自己的家族。

有罪

饲养10头牛以上的地方，1年死了总数的$\frac{1}{3}$，或者不到10头却死了3头，从县长到直接负责养牛的人会统统判定有罪。

罚

修筑的城墙、堑壕和藩篱在1年内损坏，主持工程的司空和监督工程的君子要受惩罚，还要命令原来的修筑者重新返修，所用工不得计入服徭役的时间。

经过变法后的秦国国力变得强大起来，尤其是军队战斗力大大提高。100多年后，秦国陆续消灭了六国。公元前221年，秦始皇正式建立了秦朝，结束诸侯割据称雄的战乱局面，中国历史正式进入了"大一统"时代。

春秋战国时，各国没有统一的制度，文字、计量物体长短体积重量的单位和工具，甚至马车大小都不一样，车道有宽有窄，非常不方便。

秦朝建立之后，秦始皇在全国推行郡县制，使得中央的政令能够准确地传达到地方；在秦国文字的基础上，秦始皇命令李斯等人参考六国文字，创造出新形体的文字，要求全国上下统一使用；秦始皇还对度量衡的计量工具和单位、车轮的距离等都做了统一要求。

睡虎地秦简中的《语书》是南郡守腾在秦王政二十年对县、道官员发布的文书。睡虎地秦简中的字体是"秦隶"。说明那时中国的文字属于一种从篆书往隶书转变的字形。

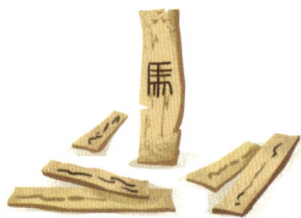

士兵家书

尽管秦军奋勇作战，统一了六国，但是在漫长的战争中，秦国百姓付出了巨大的代价。

按照秦国的法律，成年男子必须参军入伍，打仗的时候应该会发放衣物、铠甲、武器、战马等装备，但这些算军中资产，有固定的发放时间。在这种严苛的军法之下，战场上危险随处可见，不知道什么时候就丢了性命。

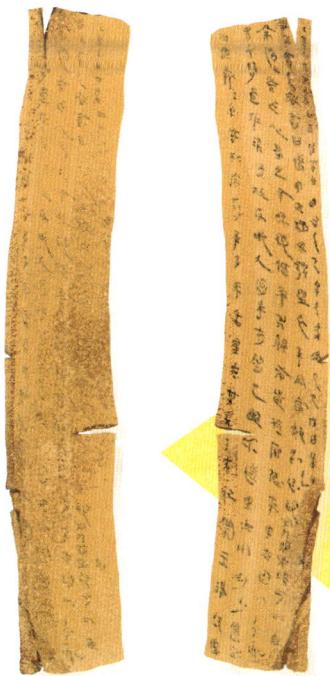

云梦睡虎地的 4 号墓室中还发现了两枚木牍，是一个叫"黑夫"的士兵和他的兄弟"惊"，写给兄弟"衷"的信。他们是秦国伐楚的 60 万大军中的普通士兵。信中，除了例行的问候、对家人的想念外，兄弟俩最主要的目的是请家里抓紧送点儿钱来，另外再让母亲送布或做几件夏天穿的衣服。惊在信中还特意强调说，兄弟俩前段时间借了战友"垣柏"的钱，已经用光了，家里再不寄钱过来会出人命的。

没有被抓去当兵的百姓，同样过得很苦。秦国赋税非常重，达到了商周时候的 20 倍，而且秦国还实行了严苛的劳役制度，一户人家至少要有一个成年男性服劳役。

秦始皇统一全国之后，也没有让民众休息。他不但接连对南方的百越和北方的匈奴发起战争，还征发青壮年劳动力修筑万里长城，修筑从首都咸阳到全国各地的"驰道"——类似现代的高速公路。

秦始皇逝世以后，他的儿子胡亥更加残酷暴虐，兵役、劳役和赋税也更加繁重，使得平民百姓苦不堪言。

公元前 209 年，一队去服徭役的贫苦人民在去戍边的途中遇到了大雨，无法按时到达目的地。领队的陈胜、吴广领导士兵们杀死了押送他们的将尉，发动起义。他们像一颗颗火星，迅速在全国引燃了熊熊大火，以前六国的旧贵族们纷纷起兵造反，秦朝很快就灭亡了。

汉代织锦护臂

「五星出东方利中国」

"五星出东方利中国"，这是一句来自汉朝古墓之中的预言和祝福，这座古墓远在新疆塔克拉玛干大沙漠。

1995 年，考古学家对塔克拉玛干沙漠的尼雅遗址进行全面发掘时，在一座无名男女合葬墓中发现了一件织锦护臂，它和男主人的弓箭、刀鞘等军事物品放在一起。古人在引弓射箭时可能将其系

长 18.5 厘米
宽 12.5 厘米

在射手臂膊上，叫作"射鞴（gōu）"。

织锦护臂呈圆角长方形，跟学生用的铅笔盒差不多大，上面用宝蓝、绛红、草绿、明黄和白色5种颜色的丝线，织着星纹、云纹、凤凰、鸾鸟、麒麟和虎纹，分别对应着5大行星。花纹之间织着醒目的"五星出东方利中国"8个隶书文字。

织锦护臂四周围着一圈白色的丝绢，两个长边上各有3条黄绢系带。

白虎　　麒麟　　鸾鸟　　凤凰

与织锦护臂同时出土的还有一件"讨南羌"织锦残片。根据考古学家的研究，它与织锦护臂属同一织物，织文可以连到一起读为"五星出东方利中国讨南羌"。

"五星出东方利中国讨南羌"是古人观察天象时的一句预言，织锦护臂后来被精绝的一位国王当作神物，还被带进了坟墓，因为在这位国王眼里，这就是一件守护神物。

"五星出东方利中国"汉代织锦护臂

汉代织锦中工艺最精湛的一件护臂，见证了丝绸之路当年的辉煌，被誉为20世纪中国考古学最伟大的发现之一，也是我国首批禁止出国（境）展览的文物之一。

2000 年前的预言家

五星的吉祥预兆

距今约 2000 年前的汉代，一个名叫"羌"的古老民族在我国的西北部生活着。有一部分羌人归附汉朝，也有一部分依附于北方的匈奴。当时汉朝和北方的匈奴经常发生战争，匈奴为了拉拢羌人，经常挑拨羌族与汉族的关系。

公元前 61 年，羌族的一个叫作"先零"的部落带头向汉朝发动叛乱，主动进攻汉朝的边塞城市。西汉朝廷派遣德高望重的老将军赵充国率兵镇压南羌叛乱。结果，赵老将军到前线之后一直不肯出兵。汉宣帝得到消息后十分着急，向前线下了一道诏书催促他速战速决。

班固在《汉书》中记载了诏书的内容："今五星出东方，中国大利，蛮夷大败……"这句话的意思是，当 5 大行星聚集在东方的时候，就意味着我们要大胜，蛮夷会大败。赵充国虽然接到诏书，却没有即刻出兵，他根据敌情充分施展兵法计策，果然成功地取得了讨羌大捷。

很早以前，人们觉得天上的星星非常神秘，就通过观察它们的运行轨迹来预言未来。

"五星"指的是金星、木星、水星、火星和土星5大行星。5大行星绕太阳公转的周期差别很大，同时出现在一侧且被观察到的机会并不多，所以古人就给这种"五星汇聚"的现象赋予了特殊意义。

西汉著名的史学家司马迁在《史记》中记载："五星分天之中，积于东方，中国利；积于西方，外国用兵者利。"意思是说，当5大行星在东方聚集时，我们中原地区的军队就会获胜；反之，如果它们聚集到西方，外国就会获胜。

虽然这种说法没有任何科学依据，但是古人还是愿意把"五星出东方"当作出兵打仗时的吉祥预兆。

在古代的时候，只有统治阶层才有资格观测天文活动，星象占卜、天文预算等都由皇家史官专门掌管。这件"五星出东方利中国"汉代织锦护臂上能够使用皇家机构的星象占卜辞作为吉祥语，可见是皇家专门制作的。

有人认为，"五星出东方利中国"汉代织锦护臂是在讨伐羌族时，汉宣帝命令皇家织造机构制作送给前线将士的；也有人提出是东汉后期羌族再次来犯时，皇家织造机构特意制作的，把曾经实现的这句预言当作美好的祝愿织上去，是为了鼓舞将士和全国人民。

五星出东方，中国大利！

张骞出使西域

既然这件织锦护臂出自汉朝，又为何会在远隔几千里的新疆精绝国国王墓中被发现呢？它的经历，和历史上一位大英雄有关。

汉朝刚刚建立的时候，国家百废待兴，而北方的匈奴实力强大，匈奴发兵征服了西域的大部分国家，多次侵扰汉朝边境。

汉武帝在位时期，国力渐渐强大起来，他决定发动对匈奴的反击。一位名叫张骞的人向汉武帝请缨，表示愿意出使西域，联络西域一个叫大月氏（zhī）的国家，共同抗击匈奴。

建元二年（公元前 139 年），张骞率领使团从今天甘肃一带出发，结果很不幸地在路上撞见了匈奴马队，被抓去做了俘虏，10 多年后才找到机会出逃。

逃出后的他们没有忘记职责和使命，仍然一路向西，第一次到了西域各国——大宛、康居、大月氏等，其中就包括尼

雅河附近的精绝国。张骞在西域考察了一年多，历尽千辛万苦才回到了汉朝。汉武帝认真地倾听了他关于西域情况的

汇报后，十分高兴。

后来，汉朝军队大败匈奴，设立了河西四郡，控制和疏通了西域交通线。其间，张骞又一次出使西域，终于探明了安全的路线。

从那以后，汉朝的商人就可以携带精美绝伦的丝绸、青铜器和铁器到西域诸国贩卖，再把西域的葡萄、核桃、马匹等带回中国。络绎不绝的各国使者和商人们踩出的这条大道，就是著名的"丝绸之路"。它将中原、西域与更西边的西亚、东欧紧密联系在一起，甚至一直向西伸展到了地中海东岸的古罗马，成为亚欧大陆上的交通大动脉。

"五星出东方利中国"汉代织锦护臂

考古学家推测，这件织锦护臂可能是通过丝绸之路，经由商队带到精绝国的。精绝国的国王十分喜欢，死后将其带到了坟墓中。为什么它这么受欢迎？或许是因为它的美好寓意，或许是因为它出众的工艺，当然，更可能是因为它代表着汉朝的赫赫威风，被西域人视作可以护佑主人多打胜仗的"神物"。

何以汉，何以中国

原来汉代的时候就已经有中国的概念了吗？

根据目前的考古成果，"中国"这个称呼最早出现在西周时代的青铜器"何尊"上。上面提到，周武王在祭拜上天的时候说，要以"中国"为家。这里的"中国"和我们今天讲的"中国"不一样。周人认为"天子"位于大地的中央，所以把自己居住的地方叫作"中国"，而四周的民族则分别被他们称为蛮、夷、戎、狄。

到了春秋战国时代，周王室日渐衰微，中华大地处于四分五裂的状态。在秦朝统一六国之前，各国的人会自称是秦国人、燕国人、赵国人等。

秦朝建立后，统一了文字和货币，但是毕竟秦朝存续时间太短，只有 10 余年，没等形成共同的民族记忆就匆匆灭亡了。

汉朝分为西汉和东汉，统治长达 400 多年，是我国历史上第一个稳定的大一统政权。在与匈奴作战、和西域贸易的过程中，"汉"一直作为一个统一的整体和外国打交道。百姓慢慢认同了大家是同一国家、同一族群的人。

丝绸之路开通之后，汉朝人经常遇到异域来的使者和客商，因此他们渐渐地开始使用"中国"称呼自己生活的这片土地，用"汉人"称呼自己这个国家的同胞。这两个词在后世逐渐演变为我们这个国家和主体民族的代称。

2000 多年前，一句"五星出东方利中国讨南羌"带给了汉朝出师征伐的将军"此战必胜"的信心；2000 多年之后，中国依旧傲然伫立在世界的东方。从这个角度来说，在我国新疆地区出土的这件"五星出东方利中国"汉代织锦护臂不仅有十分重要的历史价值，更是对美好未来的预示，让我们对未来满怀信心。

我是汉人！

我来自中国！

"五星出东方利中国"汉代织锦护臂上所写的"中国"，既是指汉朝的京畿地区及中原地区，又代表着出兵讨伐南羌的汉朝朝廷。

云冈石窟

大同·云冈石窟博物馆

距今大约 1500 年前，北方有一个王朝叫作北魏，他们的皇帝文成帝委派一位名叫昙曜的僧人在首都平城附近开凿了一系列规模浩大的石窟，用来供奉佛像。

最小佛像高2厘米
最大佛像高17米

第20窟露天大佛

高13.7米

45个主要洞窟

在长达 60 年的时间里，北魏调派无数人力物力，在绵延约一千米的山体上，从低到高，从东到西，开凿了大大小小的各式洞窟数百座。这一系列洞窟就是当今中国四大石窟之一的云冈石窟。

云冈石窟的修造工程一共分了 3 期。前期主要是昙曜主导修建的五窟；中期主要是迁都前的孝文帝时期，当时是北魏最稳定、最兴盛的时期，皇家集全国之力修筑了更加繁华精美的大窟大像；晚期，孝文帝到洛阳建立了新的都城，云冈石窟的大规模建造活动也就停止了，但是普通民众非常热情地参与了进来，开凿了大量的中小型洞窟，形成了我们如今看到的盛大的石窟建筑群。

209个附属洞窟

云冈石窟

云冈石窟是佛教艺术东传中国后，第一个由一个王朝主导完成的佛教艺术宝库，是北魏艺术水平之高的例证，更是北魏时期中外文化交流与民族融合的历史见证。

59000多尊佛像

石窟上的大融合时代

▼ 两位高僧骑着白马，驮着佛经、佛像，来到了洛阳。

北魏所处的大时期，我们统称为"魏晋南北朝"，这是中国历史上政权更迭最频繁的时期，换皇帝就像走马灯。

东汉末年，全国分裂成魏蜀吴三国，最后被晋统一。不料只过了十几年，晋朝内部却自己打起来了，元气大伤。趁着这个机会，北方的少数民族纷纷举兵。晋朝的统治者司马家带着一部分人退守南方，北方则开始了长期的混战，稍有影响力能叫上名字的政权就出现了 16 个。

直到公元 400 年前后，鲜卑族的拓跋氏建立的北魏崛起。北魏到太武帝拓跋焘执政的时候，国势强盛，凭实力统一了北方。然而刚感觉自己天下无敌的拓跋焘突然意识到，王朝内部出了严重的问题。

佛教的兴起

公元 67 年，有两位天竺高僧从遥远的西域骑着白马，驮着佛经、佛像来到了洛阳，佛教正式传入中国。到了北魏拓跋焘在位的时候，佛教已经席卷长江两岸。

佛教的兴旺发达触犯了统治者敏感

岁以下的僧人一律还俗服兵役。后来又追加两道"灭佛诏"，不允许民众藏匿僧人，烧毁寺庙、经文，坑杀僧人，这就是历史上著名的"太武灭佛"一事。

这场全国性的灭佛行动并没有持续很长时间。

随着太武帝拓跋焘的驾崩，皇位几经波折，最终由其孙子文成帝拓跋濬承继。

这位皇帝不认同爷爷全面灭佛的做法，他觉得佛教完全可以用来帮助自己安抚民心、加强统治。于是，他下令重新建寺造庙，并且召回那些逃亡避难的高僧。

▲ 太武帝拓跋焘

的神经。因为当时佛寺中出家修行的人可以免除徭役和赋税，这就导致大量的人钻政策空子，争着抢着做吃斋念佛的僧人，逃避徭役和赋税。佛门登记人数最多的时候占到北魏编户人数的 $\frac{1}{15}$。佛教占用大量的土地，供养大批不劳而获的人，这严重影响到朝廷的征兵、收税工作。

公元 438 年，拓跋焘下诏，命令 50

浩大石窟项目的启动

高僧昙曜拿出一个大手笔的方案给文成帝拓跋濬：在平城（今山西省大同市）旁边的山上修建大型佛像石窟！

这么大的工程，没有巨大的财力支持，肯定是完不成的。为了打动皇帝，昙曜想出了一个天才的主意：新建石窟的大佛按北魏前5任皇帝的形象来雕塑。

昙曜向皇帝要项目拨款的时候说，这对于朝廷来说具有重要的战略意义。

不知是不是巧合，在一次出行的时候，拓跋濬骑乘的马咬住了一名僧人的衣服。

当时的人们认为马能识别出有才华的人。拓跋濬果然被这个僧人的学识折服，拜他为师，后来还任命他做国家管理宗教机构"沙门统"的负责人。这个人就是从北凉国虏获来的昙曜。

19窟：道武帝

20窟：太武帝

如此一来，佛陀即皇帝，皇帝如佛陀，能够帮助这些皇帝树立既雄姿伟岸又慈悲为怀的形象，能够凝聚人心，人心越凝聚，国家也就越稳固昌盛。

昙曜与文成帝拓跋濬的想法可以说是不谋而合。拓跋濬在更早的时候就要在平城的皇家寺院内，用铜为北魏的 5 个皇帝（包括自己）打造释迦立像。他高兴地接纳了这个大胆的创意，拨出巨款，举全国之力大规模营造石窟。

昙曜并非异想天开。一方面，佛像建造、石窟开凿在当时已经广泛流行，西北的敦煌、麦积山修了不少佛教石窟，而且规模一点儿也不小；另一方面，北魏从昙曜的老家凉州（现甘肃省武威市）虏掠来不少擅长修建佛像的能工巧匠，造石窟、雕大佛的技术已经十分成熟。

18窟：明元帝

16窟：文成帝

▼ 浩浩荡荡的云冈石窟修建项目就正式启动了！

17窟：景穆帝

云冈石窟

石窟上的历史云烟

仔细观察，云冈石窟不同洞窟的主尊大佛穿衣风格差别很大。为什么？

云冈石窟早期大窟，主尊大佛按照北魏早期5位皇帝的形象建成，被称作"昙曜五窟"。

有趣的是，第18～20窟主尊大佛身上穿的袈裟，都是右肩袒露在外，明显是西方的风格。

而第16窟主尊大佛的袈裟纹路层层叠加，看起来则更厚重，衣领覆盖双肩，里面一件衣服的衣带在胸前打结自然下垂，像是戴着一条领带，这明显是汉族人的穿衣风格。在中国传统文化中，这种衣饰有个专有名词，叫"褒衣博带"。

这要从北魏历史上一件具有转折意义的大事——"太和改制"讲起。

"太和"是决定建石窟的文成帝的孙子——孝文帝拓跋宏的年号。孝文帝从小跟着祖母长大，而其祖母冯太后是汉人，因此他十分热爱汉族文化。而且，孝文帝敏锐地意识到，鲜卑族人少，汉族人才是主要力量，如果不能主动融入汉族文化中，北魏皇室早晚会被推翻。所以他在正式亲政以后，实施了一系列改革措施。

孝文帝拓跋宏宣布以汉服代替鲜卑服，以汉语代替鲜卑语，鼓励鲜卑贵族与汉人士族通婚。此外他还让鲜卑贵族把姓氏改成汉姓，甚至自己带头把皇家姓氏"拓跋"改成了"元"，所以他也叫元宏。

云冈石窟的第16窟大佛是在孝文帝改革期间修造的，大佛身上所穿的正是北魏当时推行汉化的服饰。

"太和改制"
主要举措

习　俗

鲜卑服	→	汉服
鲜卑语	→	汉语
鲜卑贵族	←通婚→	汉人士族

姓　氏

独孤	→	刘
拓跋	→	元
步六孤	→	陆

"太和改制"并非一帆风顺，从一开始就遭受到鲜卑贵族们的激烈反对。当孝文帝为了巩固北魏在南方的统治，提出把都城从靠近北部边境的平城迁到处于中原中心位置的洛阳时，大臣们反对的声音就更强烈了。

孝文帝想出了一个绝妙的主意。他在朝堂宣布自己要御驾亲征伐齐，然后带着满朝文武、步兵骑兵 30 多万人一路南下，浩浩荡荡来到了洛阳。正好碰到连日阴雨，道路泥泞，大臣们一个个叫苦不迭，谁也不愿再继续南下打仗了。于是，孝文帝说，这次他们兴师动众，走了这么远的路途，不如迁都到洛阳。大臣们无奈地接受了迁都的决定。

孝文帝迁都洛阳 ▲

世界大同：
文化的碰撞与融合

虽然过程很艰难，但孝文帝改革的影响非常广泛。从云冈石窟中我们就能看到，开凿时间越晚的石窟，汉族文化的特征就越明显。

最早建成的昙曜五窟中的佛像，大多身材挺拔健硕，面容饱满立体，方脸、宽额头、高鼻梁……这是典型的西方式佛像的特点，也更符合鲜卑等游牧民族的身材长相。而越后期开凿的石窟，大佛造像就越符合汉族人的长相特征，身形清俊，面容秀丽柔和，看起来也更加超凡脱俗。

云冈石窟

越到后期，传统汉式元素越频繁地出现在石窟的雕刻中。例如，第9窟前室北壁的拱门直接仿照皇宫宫门雕刻，是传统庑殿顶样式，华丽精美，神奇的是龛柱柱身采用汉式，柱头却采用古希腊的爱奥尼亚式样。

▼ 梁思成 ｜ 云冈石窟所表现之北魏建筑

不同民族不同流派的乐舞更是在云冈石窟交汇。被称为"音乐窟"的第12窟中雕刻有一个"大型宫廷交响乐团"，这个"乐团"既有使用琴、筝、横笛等汉魏传统乐器的"乐手"，也有使用龟兹五弦、西亚系波斯竖箜篌、天竺梵贝等乐器的"乐手"。

▲ "大型宫廷交响乐团"

孝文帝力主推进的汉化改革，不仅让鲜卑贵族们学会了读汉族书籍、书写汉字，学习了新的统治方式，巩固了自己王朝的统治；更重要的是，促进了民族的大融合，为后来结束长期分裂局面，使国家重新走向统一的隋朝的建立，奠定了坚实的基础。

时光和风沙没有使云冈石窟湮灭于历史。我们记忆中的北魏王朝，就定格在了云冈石窟之上。那一尊尊伫立着的大佛，在历史的轮回中不厌其烦地为我们讲述着那个大融合时代的故事。

镶金兽首玛瑙杯

何家村原本是西安一个无名的小村庄，20世纪70年代后，它却因为3个"大罐子"闻名国际。3个大罐子其实指的两个大瓮和一个银罐，里面装满了各种金器、银器、玉器、钱币等，数下来有1000多件，大部分来自唐朝。最后，被认定为"国宝级文物"的有3件，"国家一级文物"数十件，这就是著名的"何家村窖藏"。

其中一个远远望过去像兽角一样的酒杯，造型独特、华贵无比。

这个酒杯由一块罕见的五彩缠丝玛瑙雕刻而成，深红色的主体上面缠夹着乳白或橘黄的、像丝带一样的条纹。玛瑙较宽的一端被雕琢成杯身，底部细窄的部分被雕成兽头，兽头顶部长着一对弯曲的羚羊角，眼睛瞪得圆圆的，看向前方，十分生动。口鼻的位置镶嵌着黄金，其实这是用来做"笼嘴"的塞子，取下塞子，杯子里的液体就可以从兽口流出来了。

这和我们传统的酒器不一样，很像西域一种叫作"来通"的酒器。镶金兽首玛瑙杯很可能是从西域传来的，或者是由唐代工匠模仿"来通"制作的。

口径 5.6 厘米
杯高 6.5 厘米
长 15.6 厘米

镶金兽首玛瑙杯

何家村窖藏出土的酒器，瑰丽、独特，是目前所发现的唯一一件唐代俏色玉雕。作为唐代与西域各国进行文化交流的重要佐证，镶金兽首玛瑙杯被列入首批禁止出国（境）展览文物。

杯酒敬大唐，杯酒敬万国

镶金兽首玛瑙杯来自哪里

中国古代也有和镶金兽首玛瑙杯一样造型的角杯，但通常是从杯口饮酒，和西方的"来通"不一样。镶金兽首玛瑙杯所用的五彩缠丝玛瑙也大多产自西域。所以，专家推测，镶金兽首玛瑙杯是唐朝人吸收外来文化的最佳见证。

"来通"是希腊语的音译，意思是流出。"来通"酒器在中亚、西亚非常常见，往往是兽首的模样，兽首的口鼻处有笼嘴。在使用的时候，要把盛满美酒的杯子举过头顶，使酒通过小孔流下，如丝线一般注入口中。

何家村窖藏里充满异域风情的器物并不只有这只玛瑙杯。

鎏金舞马衔杯纹银壶

国宝级文物，造型明显模仿了草原游牧民族用来装酒的皮囊，上面刻着一匹嘴里衔着酒碗的会跳舞的马。

据记载，唐玄宗喜欢观看马儿跳舞，还亲自调教出了 100 匹会跳舞的马，给马装饰上金银珠玉等奢侈品，又选出年少俊美的乐工，在舞马表演时伴奏乐曲。等到舞乐结束时，马会口衔酒杯与天子同饮，向天子祝寿，将生日庆典活动推向最高潮。

鸳鸯莲瓣纹金碗

国宝级文物，纹饰富丽堂皇、精致异常，外腹錾（zàn）出两层浮雕式的仰莲瓣，上层莲瓣内錾刻着各种珍禽异兽，下层则有忍冬花等造型。宽阔饱满的形态明显符合唐朝人的审美风格，但是在加工工艺上采用了西域粟特、萨珊等国的捶揲（yè）技术。

公元 6 世纪到 9 世纪，络绎不绝的商队从西域穿越沙漠，在欧亚各地奔波往来，他们把中国的丝绸、瓷器、茶叶等商品贩卖到世界各地，也把世界各地的珍禽异兽、金银珍宝、各类工艺等带到大唐。远道而来的西方珍宝与繁华灿烂的东方，共同成就了商品丰富、经济繁荣、开放活跃的大唐盛世。

万国衣冠拜冕旒（liú）

唐朝是隋朝之后的一个大一统朝代，统治时间近 300 年，是公认的中国历史上最繁华的朝代之一。唐朝国力空前强盛，不仅统一了各部，扩大了自己的疆域，更是让南诏、渤海国、日本等国家俯首称臣，成为大唐的藩属国。远在西亚南亚的天竺、波斯、拜占庭等国家也纷纷派来使节。当时的大唐 3 年举办一次万国来朝的仪式，诗中写"三年一上计，万国趋河洛"。

唐太宗曾经说"自古皆贵中华，贱夷狄，朕独爱之如一"，这句话的意思是只要来到大唐疆域内就是大唐人，"我"一视同仁。不管是哪个国家的来客，只要愿意遵守中华礼仪文化，就可以在中国大地上居住、经商。

长安、洛阳、扬州都是当时的国际化大都市。长安城里的外国人总数超过了 30000 人。当时的宫廷守卫中都有外国人。

唐太宗李世民被称为"天可汗"，意思是全天下的主人。

走在街头，到处都可以看见穿着胡服逛街的人，还有骑着骆驼表演胡乐、胡旋舞的乐队、胡姬。四处都有胡商开设的店铺，他们贩卖珠宝、香料，开设胡食店、酒肆，琳琅满目，十分繁华。

胡风是当时的流行风尚，受到了大家的追捧。大家模仿胡人的穿着和妆容，穿胡服、戴胡帽、学胡乐。像镶金兽首玛瑙杯这样充满西域特色的角杯，在唐代贵族宴会上自然是十分流行的。

"洛阳家家学胡乐"

唐朝的皇帝都很喜欢胡乐，尤其是唐玄宗，命人在宫中设立"胡部"，经常由胡人参加演奏。官方还在长安专门设置了乐舞培训机构——"教坊"，官方喜欢的胡乐也由此传到民间。

"葡萄美酒夜光杯"

唐朝人十分喜爱葡萄和葡萄酒，让西域每年进贡。等到唐太宗征服高昌之后，特殊品种的葡萄也跟着被移植到了大唐，慢慢地传到民间，普通老百姓也可以吃到葡萄了。

作为当时的国际中心，大唐的文化也影响到周边的各个民族和国家。他们为了学习中国的文化，向唐朝派出了大量的交流使团，叫作"遣唐使"。

日本在唐朝的时候先后派遣了 19 次遣唐使团，人数少的时候一次有 100 人左右，多的时候一次能有 500 多人，他们学习中国的制度、天文历法、音乐文化等，并将其带回日本。有一个叫作晁衡的日本人，还通过唐代的科举考试高中进士，甚至担任过安南都护府的最高长官——安南都护。

大唐的制度、文化通过遣唐使、商队传给了世界。"唐"也成为中国的代称，现在在国外，华人聚集的地方被称为"唐人街"。

至于镶金兽首玛瑙杯是从西域来，还是在长安被制作出来，我们可能永远不会知道。但是，它向我们展示了人类文明的多样性和传承的重要性。

《清明上河图》

北京·故宫博物院

有一幅画，一直都是传奇。在它问世的 900 多年里，一直被各大势力争夺，多次进出皇宫，可被查明的主人有 20 多位，还有 370 年的时间不知去向。历经坎坷，它居然被完整地保留了下来。如今 5～10 年我们才能等来一次它的展出，每次展出要排队 6～7 小时，这幅传奇的作品，就是《清明上河图》。

800多个人物

29艘船艇

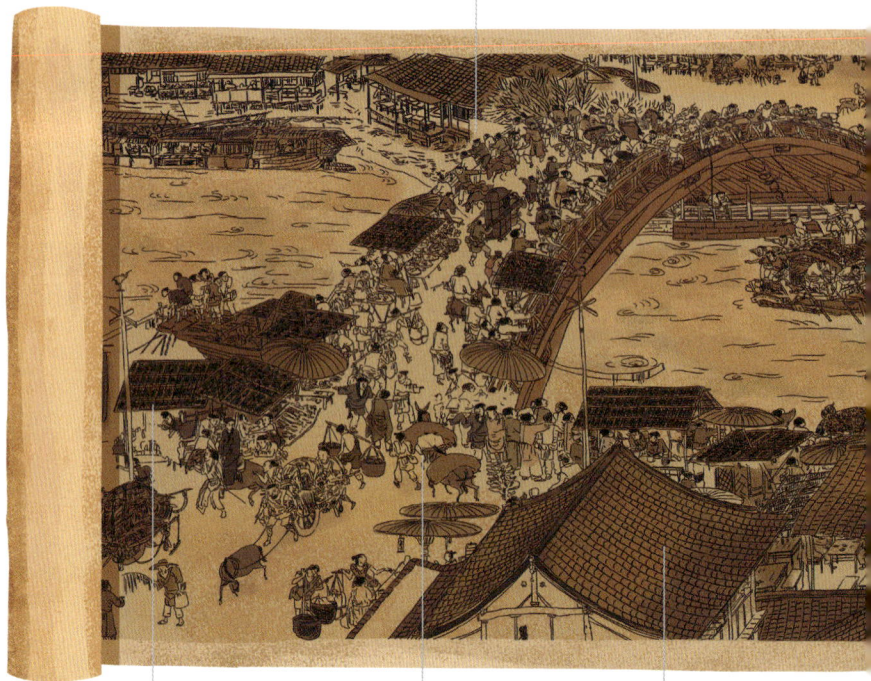

20余家店铺

15辆车马

122座房屋

《清明上河图》描绘的是北宋都城汴京（今河南开封）的盛景。画卷以东角子门内外城郊景色作为开端，茅檐低伏，赶集的乡人驱赶着驮着木炭的毛驴出场，带着大家沿着汴河缓缓走入城中。汴河两岸商贩云集，店铺鳞次栉比，行人摩肩接踵，车马轿驼络绎不绝，好一派繁华热闹的景象！

据传，宋徽宗十分喜欢这幅画，用他自创的瘦金体在画上题了"清明上河图"5个字，这幅画也因此而得名。不久后，《清明上河图》就被金兵掳走，后来一直在宫廷内院和私人收藏家之间不停转手，到清朝嘉庆年间才再次被收藏入宫。清朝灭亡后，这幅古画曾被末代皇帝溥仪带到东北，后经专家鉴定才得以重见天日。

宽 24.8 厘米
长 528 厘米

《清明上河图》

中国十大传世名画之一，国宝级文物，北宋画家张择端所画，描绘了清明时节北宋都城汴京东角子门内外和汴河两岸的繁华热闹景象。

大宋梦华录

"逛一逛"北宋汴京城

北宋灭亡之后，一位名叫孟元老的文人避居江南，追忆当年汴京（又称东京）的繁华景象，写成了一本书，叫《东京梦华录》。汴京到底有多大的魅力，让人魂牵梦绕呢？让我们跟着张择端的《清明上河图》穿越回清明时节的汴京"逛一逛"。

画卷缓缓打开，两个脚夫和 5 匹驮着木炭的毛驴走入大家的视野。这是汴京城郊，春光明媚，田野阡陌，农家炊烟。

沿着农舍一路往前走，建筑和人越来越多，岸上小店林立，最多的就是以茶饭为主的小吃店，店伙计们娴熟地招揽客人，提供饭食和点心……岸边停着各式各样的船，挑夫往来卸货搬运……原来是到了汴河码头！

河上船只往来不绝，船工们摇橹划桨，力工们或是卸运货物，或是等待船只起航。

横跨河面的木拱桥虹桥上面挤满了人，有人看热闹，有人惊慌失措，有人急着指挥帮忙……原来桥下有一艘满载货物的大船正要通过，不知道为什么桅杆没有提前被放下来，眼看着一场交通事故就要发生。这艘船到底能不能顺利过桥？大家不由得紧张了起来。

虹桥是汴京交通集散中心地之一，人员往来通行络绎不绝，挤满了小商小贩。两岸店铺林立，有卖香料的，有卖茶饮小吃的，有卖剪刀等工具的，还有算命、说书的……好不热闹！除此之外，还有好几家高档酒家，家家生意兴隆，店小二们都在热情地招呼着来往的行人们。

顺着热闹的街市再往前走，就能看到一座高大的城门，有一队骆驼商队正在通过城门。

进城后，右手边的建筑好像并非商家。有处理文书的工作人员，工作人员背后贴着"税例告示"，旁边放着大型的公秤。有人在忙着卸货、装货，还有人在对货物进行清点……这里应该就是汴京的税务局。当时从城外往内城运货物，都需要交纳"过税"，过税是2%。

紧挨着的就是汴京城最豪华的酒楼——"孙羊正店"。它的主店面足足有3层楼高，主店面旁还有许多幢附属楼。楼下还有一个说书棚，一群人围着听书，听得津津有味。汴京城里娱乐产业非常发达，除了说书之外，还有杂剧、滑稽戏、皮影戏、魔术、杂技、蹴鞠、相扑等娱乐节目，生活在这里，绝对不会让人感到无聊。内城的街道果然更加繁华热闹！

嘿，这个招牌很显眼，写着"赵太丞家"，那儿是哪位大官的宅院吗？不是。"太丞"是宋代人对医生的尊称，"赵太丞家"就相当于现在的赵大夫诊所兼药房，门前招牌上还写着"治酒所伤真方集香丸""大理中丸医肠胃冷"，可能是店里售卖的主打药品。这家豪华诊所前堂摆放着柜台和接待座椅，后面是一个用来居住的院落。

汴京果然是繁华热闹！

高档酒楼、茶馆、饮料小吃摊……

还有各种卖药卖香料的，杂耍说书的……

咱们慢慢"逛"，天黑之后，汴京还有通宵的夜市，更热闹！

到宋朝做生意

中国历史上大多数朝代都施行重农抑商政策，在北宋以前，商业活动是受到政府严格管控的。

宋朝以前，商铺是不可以随便开的，如果你想买东西，只能去专门的"市"里。政府在城市中划出一部分地方，用坊墙和居住区隔开，专门用于买卖经营活动。"市"有严格的时间限制，有"开市"和"休市"，夜间商业停止、坊门关闭。

到了宋朝，这种限制就被取消了。沿街、沿河、沿桥……到处都是商铺、档口摊位，开店选址的主要判断依据是人流量，和我们今天差不多。

从宋太祖开始，把原来的一更宵禁延迟到了三更，很多店家选择了夜间营业。

"东市买骏马，西市买鞍鞯，南市买辔头，北市买长鞭"，《木兰诗》里面写的这一句你一定很熟。

北宋朝廷在税收政策上也给了很大的优惠，对个体户、小商贩、摆地摊的小贩不收税，鼓励创业。这让百姓们看到了发家致富的新途径，很多人考虑做个小商贩或者成为小作坊的老板。周边的百姓们也愿意到汴京来闯一闯，这进一步促进了城市的繁华。

24小时营业 ✓

居住区开店 ✓

税收优惠 ✓

欢迎大家到汴京创业！

大宋开店小常识

"正店"与"脚店"

考虑好到汴京做什么生意了吗？北宋酒业发达，到处都是卖酒的商户。如果你考虑做酒的生意，一定要注意，官方不允许民间私自酿酒。

允许用官家的"酒曲"来酿酒和批发的"特许酒户"，被称为"正店"，例如"孙羊正店"；只能购买已酿好的酒、零卖的同时又做宴席的酒楼称为"脚店"，虹桥附近有一家叫作"十千脚店"的酒铺。

所有卖酒的"正店"和"脚店"都要按照相关规定挂上青白色条子的方形酒旗等。

灯箱

夜间营业的店家，尤其是大型的酒家，会为自己制作"招牌灯箱"挂在店铺外。比如"孙羊正店"门口就放着灯箱，用薄纸糊成，里面放一根大蜡烛，白纸上面写上店名、商品，人们离老远就能看清楚店家的招牌菜。

出门坐船：
漕运交通的便利

客船

汴京店铺林立，商业贸易
如此发达，人口流动和
货物运输，都是大问题。

汴京就是今天的河南开封，隶属华北平原内陆地区，但是航运十分便利。因为汴京城内的汴河连通运河，能够保障南方鱼米食粮的供应，由此带来了汴京商贸的发达。

《清明上河图》主要围绕着汴河以及两岸街区展开，汴河上有各式各样的船只，据统计共有 29 艘。有体积不等的货船，工人们来来往往，在忙着卸货装货；船身较长的是用来载人的客船，船内有人在读书，船顶有人在散步；有服务人们游览汴河风光的画舫；还有专门停在岸边开餐厅的船……

货船

客船

餐厅船

画舫

小船

船运蓬勃发展的同时也带动了桥梁设计的发展。为了便于船只由城外逆流而上进入汴京城内，汴河上修建了上、下土桥及虹桥 3 座重要的桥。

《清明上河图》中位于画面中心的桥就是虹桥，由官府建造和管理。

整座桥由巨木搭建而成，形状像彩虹一样横跨汴河两岸。

因担心船撞岸，桥下还专门留出空间，方便工作人员监督指挥船安全顺利地通过。桥整体较高，船只要放下桅杆，就能顺利通过。

在桥边设置了风向标，方便船只做过桥的准备。

盛世中的隐忧

宋朝完成了我国中原地区和南方的基本统一，结束了五代十国政权分立、军阀混战的局面，经济、文化都很发达，孕育并推动了城市文化的蓬勃兴盛。熙熙攘攘的闹市、高耸林立的酒楼、方便快捷的餐饮外卖、来来往往的商旅行人……我们从《清明上河图》中可以一睹北宋的盛世繁华。

张择端不仅描绘了汴京繁荣的一面。仔细看会发现，汴京城中仍然生活着众多的穷人，他们衣衫褴褛、生活无着，或者从事最苦最累的体力劳动，或者干脆跪地乞讨。

这些"不和谐"的景象和画面中的权贵们形成了鲜明的对比。

宋徽宗末年，女真族建立的政权金国在北方崛起。因为朝廷腐败，北宋军队在与金国的战争中一触即溃，连吃败仗。首都汴京被金军攻破，宋徽宗、宋钦宗两个皇帝和大批宋朝贵族都被金军掳走。《清明上河图》中繁华的汴京也在战火中毁灭了，图中栩栩如生的几百个普通人，有多少人会死于这次灾难中，又有多少人流离失所呢？

缠枝牡丹云龙纹罐

青花

北京·故宫博物院

2005 年，伦敦的一场拍卖会上，一个元代青花大罐拍出了约合 2.3 亿元人民币的天价。元代青花瓷也一举成为瓷器界的"流量明星"，甚至被人称作"瓷器之王"。

故宫博物院也珍藏着一件元代青花大罐。

从整体造型上看，它是一个"脖颈"短粗的大胖子，口径略大于底径，肩部以下渐渐变大，形成一个圆圆的大肚子，而后渐渐收小。罐身上绘满了漂亮的蓝色纹样，从上到下分为5层。

- 第一层：缠枝栀子花纹
- 第二层：卷草纹
- 第三层：双云龙纹
- 第四层：缠枝牡丹纹
- 第五层：仰莲瓣纹

青花瓷，实际上是一种白地蓝花的彩瓷，"青"在这里是蓝色的意思。工人们在晾干的瓷胚上，用钴料描绘出漂亮的图案，然后上一层透明釉，一次性烧成。

宋代的时候，流行素雅的单色瓷器，比如"雨过天青云破处"的汝窑。忽必烈统一中国建立元朝后，大家更喜欢这种白底蓝花的瓷器，烧制了大批青花瓷。青花瓷还远销海外，成为中国瓷器的代表。可惜，目前世界上流传下来的元代青花瓷不超过400件。

青花缠枝牡丹云龙纹罐

元代青花瓷的精品，上面绘制着典型的元代云龙纹样，明艳鲜丽。元代青花瓷是蒙古、中原、西域等多元文化融汇的结晶，具有极高的历史和艺术价值。

"青白"碰撞的时代

素胚勾勒出青花

公元 1206 年，铁木真统一蒙古各部，建立了大蒙古国，被尊称为"成吉思汗"。之后，他和他的子孙们凭借强大的军事实力，不断扩大领土，向西把势力拓展到了中亚地区，打败了金国和南宋，结束了唐朝末年以来的大分裂时代，建立起一个庞大的帝国，被称作"元"。

他们从中亚带回了大量的工匠，还带来一种特殊的蓝色颜料——"苏麻离青"。与国产颜料相比，这种叫苏麻离青的蓝色更加鲜亮。他们用苏麻离青做原料，在瓷胎上绘制好看的图案。

我们把它带回去。

1278 年，在南宋彻底灭亡前，元朝的皇帝忽必烈下令在江西景德镇设立了专门管理烧造瓷器的机构——浮梁瓷局。官方机构的设立，让全国各地的优秀工匠都聚集到景德镇，景德镇瓷器烧造技术得到极大的提高。

蒙古人喜欢的白地蓝花的青花瓷，也在景德镇迎来了繁荣。

蒙古人喜爱蓝色和白色。青花终于要遇到命中注定的白瓷了。

为什么忽必烈会急着在景德镇设立瓷局呢？景德镇附近的用来烧瓷的高岭土，加工后洁白细腻，就像给小朋友用的痱子粉一样。景德镇烧制的青白瓷，就像玉石一般莹润。

青花缠枝牡丹云龙纹罐

元代喜欢什么样的青花

元代的青花瓷有一个十分明显的特点，就是器型往"高大圆胖"的方向发展，看起来圆滚滚、胖嘟嘟的，器型硕大，饱满厚重，气派非凡。这是因为蒙古人习惯草原游牧生活，喜欢将食物置于大盘、大碗等大型敞口容器中，大家围坐在一起大口吃肉、大碗喝酒，豪迈又大气。

蒙古人的性格和审美自然也影响了青花瓷上的纹饰，青花缠枝牡丹云龙纹罐上面，两条游龙在壮阔的云海上追逐翱翔，让人感受到自由奔放的美感。

蒙古族是北方的游牧民族，居住在草原上的蒙古包里，习惯随着气候变化而四处迁徙。青花瓷中也出现了一些便携的造型。

不过，中华传统文化仍然是青花瓷纹饰中最重要的灵感来源。像云龙纹、麒麟纹、牡丹纹等被中国人视为吉祥象征的纹饰不用多说，除此之外元代青花还十分喜欢用古代历史故事图案做装饰。

青花缠枝牡丹云龙纹罐

元青花"萧何月下追韩信"梅瓶

绘制了汉朝丞相萧何向刘邦推荐军事奇才韩信的故事。

"鬼谷子下山图"青花大罐

上面绘制的是战国时代的纵横家鬼谷子下山的故事——鬼谷子在齐国使节的再三请求下，下山营救陷入燕国军队重围的齐国名将孙膑。

元代生产的大部分青花瓷器是出口给外国的商品，所以还有大量充满浓浓的异域风情的青花瓷留下来。

上面的纹饰风格相当繁缛，恨不得用卷草纹把瓷器上的每个角落都塞得满满当当，这种花纹是波斯人的最爱，至今仍然广泛存在于西亚诸国的装饰之中。

从造型、故事图案和花纹装饰来看，不同民族、不同文化都在青花瓷中融为一体，元青花始终洋溢着雄浑豪迈、包罗万象的气质，这也是幅员辽阔的元朝所特有的多元文化风格。

瓷器之路

目前传世的元代青花瓷并不多，大概也就不到400件，奇怪的是，大部分都收藏在国外。和大部分流落在国外的中国文物不同，这些元青花瓷器并非是因为外国势力巧取豪夺才流落他乡，而是通过交流和贸易传过去的。

当时的蒙古帝国幅员辽阔，从太平洋到地中海，蒙古帝国横跨亚欧两个大陆，中原也就和中亚、西亚、欧洲联系起来，交往非常频繁。大批商人通过丝绸之路来回奔波，把丝绸、青花瓷等中国特产带到西亚和欧洲。

土耳其的托普卡比博物馆和伊朗国家博物馆是收藏元青花较多的博物馆，分别收藏有40件和28件元青花。

除去中原地区的"元"之外，蒙古帝国实际还分有4个汗国：钦察汗国、察合台汗国、窝阔台汗国、伊利汗国。这4个汗国相对独立，各自有自己的汗王，但是要统一尊奉元的皇帝为蒙古大汗。

青花缠枝牡丹云龙纹罐

89

元代重视贸易，除了陆上贸易外，海上贸易也十分发达。在造船术改进、指南针发明之后，元朝的商人驾着庞大的海船，装满了魅力无穷的中国陶瓷，从泉州港出发，航向大洋深处的无数国家。

有一位名叫汪大渊的著名航海家，20岁就跟随远洋船队从泉州出发，一路经过爪哇、印度、波斯乃至非洲大陆的埃及、莫桑比克、斯里兰卡等国之后，回到泉州，写出了一本《岛夷志略》。他在《岛夷志略》中详细记载了元代瓷器的输出情况，书中列出了四五十个瓷器输出的地区，包括东南亚、地中海地区、非洲北部等。

来自东方的青花瓷，光洁、典雅、明快，在当时的欧洲，比金、银和水晶都更贵重，是上流贵族才能拥有的奢侈品。欧洲人甚至把青花瓷视为世界上最美、最圣洁的物品。

短短几十年，元朝让青花瓷走向世界，瓷器在海外也成了中国的代名词，在英语中叫"china"。那些驼铃声与大船，给海外带去了令人啧啧称奇的青花瓷，也把中国文化带向了世界各地。

青花缠枝牡丹云龙纹罐

《坤舆万国全图》

400多年前，一幅地图带给人们巨大的冲击，它叫作《坤舆万国全图》。

古代，"坤"指的是土地，"舆"原本是指马车，后来引申为像车一样载物的大地。所以换成现在的话说，"坤舆万国全图"就是世界地图。

这幅地图是由西方传教士利玛窦和明代科学家李之藻合作绘制的。在这幅地图上，我们可以看到当时已知的五大洲、四大洋的全貌，中国位于地图中间

的位置，整体看起来就跟现代的世界地图差不多。在没有航拍和卫星定位的古代，能绘制出这幅地图可谓一个奇迹。图上还标注了众多天文、地理图表和风土人情、奇闻异事。

这幅地图第一次向中国人展开世界的全貌，把当时世界上最先进的地理学、天文学知识引入了中国，冲击了当时社会的传统主流观念，大大开阔了人们的眼界。

《坤舆万国全图》原图早就遗失了。不过，万历三十六年，明神宗曾经下诏摹绘12份流传后世。后来，这幅《坤舆万国全图》又经过多次翻印摹抄，现在很多博物馆和图书馆都有收藏，影响非常深远。图中展示的是香港海事博物馆所藏坤舆万国全图屏风。南京博物院收藏有万历三十六年宫廷中的彩色摹绘本，大家有机会可以去参观。

《坤舆万国全图》

意大利传教士利玛窦和明代科学家李之藻合作绘制的世界地图，是中国最早绘制世界地图的先例。

明朝人看世界

远渡重洋的传教士

1517 年，以皮列士为首的葡萄牙使团首次抵达了中国，1553 年，葡萄牙人借口海船遭遇了风暴需要暴晒浸水的货物，趁机占据了中国的港口澳门，大量的外国传教士通过澳门进入了中国内地。《坤舆万国全图》的绘制者之一利玛窦就是来到中国的传教士之一。

大航海时代

15 世纪到 17 世纪，欧洲派遣舰队出海寻找新的贸易路线和贸易伙伴，"发现"了许多不为欧洲人所知的国家和地区，涌现了以达·伽马、哥伦布和麦哲伦等人为代表的航海家。这段历史被称为"大航海时代"，也被称为"地理大发现"。

利玛窦是个意大利人，为了让中国人接纳自己，他给自己取了一个中文名，姓"利"名"玛窦"，后来熟悉他的中国士大夫都尊称他为"西儒利氏"。除此之外，他还蓄发留须，身着传统的儒生袍服，积极学习汉语，是第一位能够阅读中国文字、研究中国典籍的西方学者。

除了澳门，利玛窦还在肇庆、韶州（今韶关市）、南京生活过，最后，他去北京面见了当时的皇帝——明神宗，向明朝皇帝进献了好多来自欧洲的新鲜玩意儿，其中包括自己绘制的一幅世界地图，也就是《坤舆万国全图》的前身——《万国图志》。明神宗非常喜欢他带来的礼物，下旨重赏他，并且还破例允许他在北京开办教堂。

《坤舆万国全图》

利玛窦广交中国官员与社会名流，传播西方天文、数学、地理等学科的知识。他在徐光启、李之藻等人的帮助下，翻译了大量西方科学著作，其中有数学著作《几何原本》。与此同时，利玛窦还把中国的"四书"等儒学著作翻译传播到了西方。

《万国图志》也在李之藻的帮助下，增补了大量中国的地理信息。经过不断丰富完善，《万国图志》才成为我们现在看到的《坤舆万国全图》，并由李之藻出资，刊印流传。

利玛窦的朋友圈

徐光启

徐光启是明朝著名的农学家、天文学家、数学家。他和利玛窦一见如故，从利玛窦那里学到了很多西方科学知识，一生都致力于科学技术的研究。

李之藻

明代科学家，和利玛窦等人合作翻译了很多西方著作，致力于介绍西方的天文、数学、地理、逻辑等知识，算是最早的科普译者。

李之藻　利玛窦　徐光启

从"天圆地方"到"地圆说"

人们很早就开始思索，我们头顶的"天"是什么样的，脚下的"地"又是什么形状的。

中国古人普遍认为"天是圆的，地是方的"。天是一个大圆球，太阳、月亮、星星都镶嵌在天空中，而大地是方形的，像棋盘一样静静地悬在天球中间的位置，中国位于"地"这个平面的正中央，所占有的版图最大。

"天圆地方"的观念传了几千年，所以明朝人很难相信，这种观念竟然是错误的。

你看，天是圆的，地是方的。

古人最常用的货币是圆形方孔铜钱，在秦代"半两"钱的基础上沿用了2000多年。虽然圆形方孔铜钱的出现最早是为了提高铜钱边缘的打磨效率，但是到了后来，人们更愿意把它和"天圆地方"的观念联系起来。

利玛窦带来的世界地图说明地与天都是球形的，地球被包含在宇宙当中。他们把地球用经线分成 360 度，用纬线自赤道向南北两极各分成 90 度，主图绘制出南北两极、经纬线和赤道，按照经纬度又绘出五大洲、四大洋、南极圈和北极圈等；在主图的左边，分别画出了南北极对地球的投影地图，展示了相当高的地图投影知识，充分证明了地球是圆的。

这和当时中国传统的"天圆地方"的概念完全不一样，引起了巨大的轰动。

直到清朝康熙年间，负责天文事务的杨光先还认为传入的"地圆说"是无稽之谈。他说："如果地球是一个大圆球，那么站在地球另一侧的人岂不是头朝下、脚朝上倒立着走路吗？这可实在太可笑了。"

除此之外，古人一直认为中国是整个世界的核心国度，占了世界很大一部分。但是利玛窦告诉人们，中国只在北半球占了相对小的一部分。这给当时的人们带来很大的冲击。

地球是圆的，中国是亚洲东部的一个国家。

这太可笑了！

原来是这样……利先生，我们一起绘制并刊印发行一幅中国版地图。

明朝官员李之藻对此很感兴趣，他和利玛窦合作，在地图上增加了大量关于中国的地理信息，详细标注了中国省份、重要城市，详细描绘了黄河、长江等中国主要的山川河流，标注了它们的发源地、流经省份。他还改变了原地图把欧洲放在地图中央的格局，将中国（亚洲东部）尽量放在了世界中央，像我们常看到的那样，这也是最早的由中国人绘制的世界地图。

能否把中国放在中央？这是黄河……

中国人第一次认识到了整个世界的真实面貌，很多曾经令人困惑不解的自然现象，在这幅地图的指引下，得到了合理的解释。直到清朝初期，还有人刻印《坤舆万国全图》。

郑和下西洋的故事

《坤舆万国全图》上面的 1000 多个地名中有将近 400 个并非来自利玛窦带来的地图，里面除了中国地名，还包括东南亚、非洲等地的一些地名。其实，明朝人当时已经有了对于外面世界的认知，这些资料大多来源于明成祖时期七次下西洋的郑和船队。

《坤舆万国全图》

朱元璋建立明朝之初，就迅即派出使者出使周边邻国，如高丽、日本、占城、安南等国，宣扬大明国威。

明成祖朱棣继位以后，又派遣郑和率领强大的舰队出使西洋各国，一面向外国显示大明朝的繁荣富强，彰显自己的军事实力，另一方面也是为了拓展贸易关系，把自己国家生产的产品卖往海外。

郑和舰队首次航行始于永乐三年（公元 1405 年），最后一次航行结束于宣德八年（公元 1433 年），共计 7 次。他们冒着重重危险，跨过波涛汹涌的南海，渡过广阔的印度洋，远航到西亚以及更远的东非地区。

舰队每到一国，都会首先向当地国王或者酋长宣读明朝的诏书，举行隆重的册封典礼，将象征藩王地位的冠服和印章赏赐给各个国家的国王，甚至还为那些国家的山川河流封号立碑。

郑和把中国的丝绸、陶瓷、茶叶等特产运送到世界各地，同时也给明朝人带来了来自国境之外的特产，比如宝石、象牙以及胡椒等香料。

西洋各国的实力远远落后于大明王朝。各国频繁派遣使者带着特色物品来到中国后，大部分物品用来交易，一小部分作为贡品献给明朝的皇帝。皇帝则会回馈价值数倍的金银珠宝，并将中国上好的丝绸、货币和书籍赠送给西洋各国，非常慷慨。

郑和去世之后，明朝国势渐渐衰弱，一些大臣认为派遣声势浩大的舰队出使西洋会浪费大量钱财，对于国家来说没有什么好处，所以明朝就没有再派遣新的舰队出使，并且严禁民间船只出海贸易。

在郑和下西洋终止大约 60 年后，欧洲国家却进入了大航海时代，欧洲的西班牙和葡萄牙等国纷纷派遣舰队远渡重洋。

《坤舆万国全图》

群仙祝寿钟

黑漆彩绘楼阁

北京·故宫博物院

面宽102厘米
侧宽70厘米
高185厘米

1601年，利玛窦把两座会自己报时的自鸣钟送给了万历皇帝。在此之前，皇宫里一直以铜壶滴漏计时，万历皇帝从没见过这么精美复杂的机械装置。

楼阁最上层有 3 间房屋，里面住着报时的仙人。每当 3、6、9、12 点，房间的门就会打开，里面的仙人就会走出来，最左边的人率先敲击钟碗发出"叮"的一声，最右的人紧接着敲钟碗发出"当"的一声。他们会间隔 1 刻钟报 1 次，第 1 刻敲 1 声，第 2 刻敲 2 声……一直到报完第 4 刻，中间的人就会出来报时，同时开始播放音乐。等到音乐停了，报时刻的人退回门内，楼门关闭，景箱内各活动装置复位。

音乐响起，景箱内的活动装置开始运作。左边景箱表演的是"海屋添筹"，仙人驾着祥云升起，云海中会浮现一座琼楼；右边景箱表演的是"群仙祝寿"，八仙依次向寿星敬献宝物。

桌台上就是钟的主体所在，正中是黄色珐琅装饰的钟盘，钟盘上分布着 5 个上弦孔，对应着内部的机械系统，分别控制"走时、报时、报刻、开关门、打乐"等功能。

钟的最下层是一个桌台。

到了清朝，英法等国制作自鸣钟的技术更加成熟，自鸣钟成为宫中珍贵的收藏品。清朝的皇帝还下令着手打造"国产自鸣钟"。我们今天要介绍的这座黑漆彩绘楼阁群仙祝寿钟，就是其中的代表。

这座钟的外形设计借鉴了传统的中式楼阁设计，用黑色、红色、绿色的彩漆做了点缀，还用描金工艺装点得富丽堂皇。

根据记载，这座钟在乾隆八年的时候奉旨设计，到乾隆十四年才完工。

黑漆彩绘楼阁群仙祝寿钟

清宫造办处做钟处研制的自动报时西洋钟，技术水准很高，是故宫钟表的代表。

叩开中国宫廷的自鸣钟

西方传来了自鸣钟

那两座钟朕很喜欢！

传教士利玛窦来到北京的时候赠送了两座自鸣钟给万历皇帝，把万历皇帝哄得十分高兴，得到了厚厚的赏赐。

万历皇帝十分喜欢精巧的西洋钟，把小的自鸣钟放在自己寝宫，修建了一座木阁楼来收藏大的自鸣钟。不过，这个时候的自鸣钟制作工艺还不够完善，报时功能和中国传统的铜壶漏刻不相上下。

1656 年，荷兰天文学家惠更斯发明了带有钟摆的落地式座钟，让自鸣钟的实用功能有了很大的提升。这种新型自鸣钟传入中国以后，立刻受到了清朝皇帝的欢迎。

"科技爱好者"康熙皇帝在养心殿造办处增设了修理及制造自鸣钟的作坊"自鸣钟处"，他说自鸣钟是他生活和工作的必需之物。

自鸣钟处

1793 年，英国国王派遣了一支使团，漂洋过海来到了中国。英国使节马戛尔尼专门准备了大量精巧的西洋科技产品献给乾隆皇帝。乾隆皇帝十分喜爱其中的一对音乐自鸣钟，这对自鸣钟到了整点就能播放西洋音乐，令乾隆皇帝觉得非常奇特。

黑漆彩绘楼阁群仙祝寿钟

乾隆皇帝对自鸣钟的痴迷一点儿也不逊色于他的祖父康熙皇帝，他曾多次要求广州的官员采办西洋钟表。他还把宫廷内的"自鸣钟处"改名叫"做钟处"，组织工匠们用从西方进口的零件仿制中式风格的自鸣钟，甚至还会亲自参与和指导自鸣钟的制造。这座黑漆彩绘楼阁群仙祝寿钟就是在乾隆皇帝的亲自"关怀"下，历经五六年制造出来的，可谓精品中的精品。

在皇帝的引领下，达官贵人们争相购置自鸣钟，特别是在沿海地区，民间工坊争相仿造自鸣钟。

乾隆时期，著名文学家赵翼说，当时的军机大臣傅恒家里人人都戴钟表，甚至仆从都"无不各悬一表于身"。

士大夫眼里的奇技淫巧

故宫博物院钟表馆中还有很多像黑漆彩绘楼阁群仙祝寿钟一样精巧的自鸣钟。不过很可惜，当时的"国产自鸣钟"都要从西洋进口零件才能完成。这是为什么？

自鸣钟实际上凝聚着当时世界上最先进的科学技术发展成果，无论是钟摆原理还是精密的机械齿轮结构，都需要近代科学发展和庞大的工业体系来支撑。18世纪60年代，轰轰烈烈的第一次工业革命在英国爆发，新生的蒸汽工厂打造出了大量像自鸣钟这样精美又价格低廉的工业产品，让英国成为称霸全球的"日不落帝国"。

然而在当时的中国，清朝统治者顽固地推行闭关锁国政策，严禁国内与国外的自由贸易，极大地限制了商品的流通和人员的往来，也严重阻碍了科学技术的进步。

虽然自鸣钟得到了宫廷士大夫的追捧，但是这仅仅是为了满足贵族们的玩乐需求。就算是自产仿造的自鸣钟，价格也依然高昂，对普通老百姓来说是遥不可及的奢侈品。

黑漆彩绘楼阁群仙祝寿钟

《红楼梦》中提到，一个金制自鸣钟可以卖上五六百两银子，相当于一个中上等富裕家庭一年的收入。

这是什么东西？做什么用的？

难道中国没有能工巧匠能大批量制造自鸣钟吗？

清朝社会的主流看法是，以自鸣钟为代表的西洋工业器物，虽然技艺上巧夺天工，但仅仅是玩物而已，对于国计民生来说没多大用处，甚至还会让人玩物丧志。

乾隆皇帝之后的嘉庆皇帝就很反感自鸣钟等西式器物。他曾表示，许多百姓家里都没有自鸣钟，但他们并未因此耽误日常的起居与饮食，所以这些东西并没有什么用处。从那以后，自鸣钟在清朝宫廷中渐渐失宠了。

这样一来，自然也就没有人愿意研究如何批量生产自鸣钟了。

不仅仅是自鸣钟，其他先进的西洋科技、工业产品也没有得到应有的重视。英国的马戛尔尼使团送来的礼物中，就有当时最先进的蒸汽机、纺织机、卡宾枪、火炮，甚至还有一艘当时世界上最大的战舰"君王"号的模型，上面装载了100多门大炮。然而，在乾隆皇帝和清朝官员们的眼里，这些器物只不过是"奇技淫巧"罢了。

清朝政府还拒绝了英国提出的通商要求，认为中国是天朝上国，什么奇珍异宝都有，根本不需要和"蛮夷"进行贸易往来。

由于闭关锁国政策和封建固有思想的影响，传入我国的先进科学技术成果在清朝的时代土壤中并没有生根发芽，这不禁让人为清朝错过的科技发展机遇而深感惋惜。到了清代中后期，新思想、新事物几乎完全无法在中国的土地上生长，我国的科学技术发展水平与西方的差距也越来越大，整个清王朝最终走向了衰落和灭亡的结局。

黑漆彩绘楼阁群仙祝寿钟

被迫成长

继马戛尔尼的使团离开中国近50年后，又有一名叫璞鼎查的英国使节来到了中国。这一次，清政府收到的可不是什么珍贵礼物了，而是一份让中国人倍感屈辱的条约。

1840年，英国挑起了第一次鸦片战争。这场战争中，腐朽落后的清朝军队被轻松击败，被迫和英国签订了丧权辱国的《南京条约》，内容包括割地、赔款、开放通商口岸。此后的一个多世纪里，中国相继被英国、法国、日本等列强侵略。

一些进步人士开始探索救国救民的方法，他们提出"师夷长技以制夷"，认为我们应该通过学习西方的科学技术，开办新式工厂企业，发展商业贸易，实现国家富强，这样才能战胜西方列强。

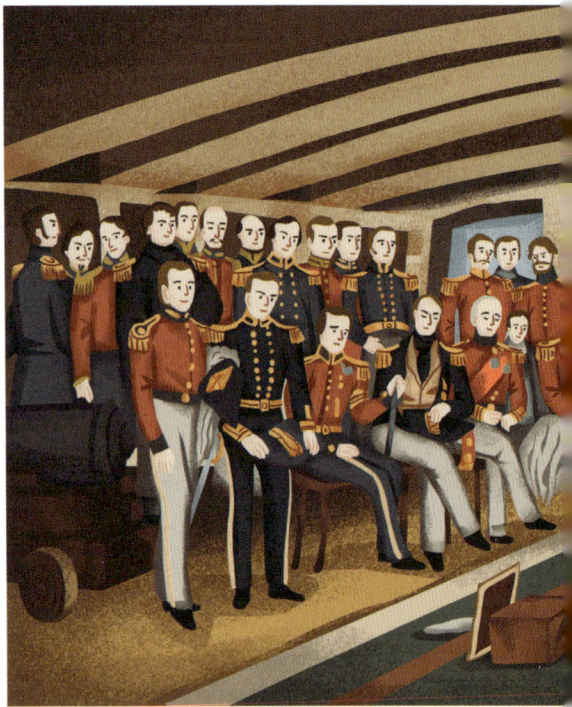

林则徐等人通过编译外国的书籍、杂志，积极了解西方国家的基本情况；魏源在林则徐主持编译的《四洲志》的基础上，写成《海国图志》一书，提出"师夷长技以制夷"的主张。

随着社会和科技的发展，自鸣钟早已不再稀奇，甚至已经逐渐消失在历史中。但是，故宫博物院钟表馆珍藏的大大小小的自鸣钟，仍旧在提醒我们要铭记历史、珍惜科技成果，要努力学习和发展科技，不断推进社会进步，让每个人都能够享受科技带来的便利和快乐。

你最喜欢这本书中的哪件文物？为什么？

良渚文化的先民们，可能用什么样的工具来制作那些非常漂亮的玉器？

你想对本书中的秦代基层官吏"喜"说些什么吗? 写一封信给他吧。

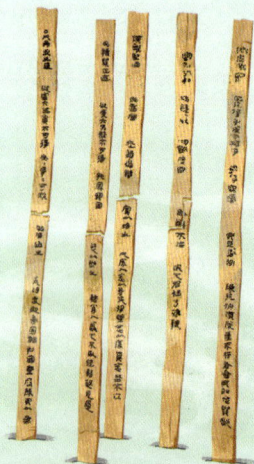

你可以谈一谈对"五星出东方利中国"这句话的理解吗？

如果可以到《清明上河图》中做生意，你会选择做一门什么样的生意？

请写一写"坤舆万国全图"的读后感。

请描述你最喜爱的一位古代人物。

能否把中国放在中央？
这是黄河……

你最想回到我国历史上的哪一个朝代？为什么？

图书在版编目（CIP）数据

国宝里的历史课 / 安迪斯晨风，瑶华著. -- 济南：
山东电子音像出版社，2024. 12
（开课了! 博物馆）
ISBN 978-7-83012-385-7

Ⅰ. ①国… Ⅱ. ①安… ②瑶… Ⅲ. ①中国历史-少
儿读物 Ⅳ. ① K209

中国国家版本馆 CIP 数据核字 (2023) 第 044508 号

出 版 人: 刁 戈
责任编辑: 姜雅妮 蒋欢欢
出版统筹: 吴兴元
编辑统筹: 冉华蓉
特约编辑: 朱晓婷
营销推广: ONEBOOK
装帧制造: 墨白空间·闫献龙

KAIKE LE BOWUGUAN GUOBAO LI DE LISHIKE

开课了! 博物馆：国宝里的历史课

安迪斯晨风　瑶华　著

主管单位: 山东出版传媒股份有限公司
出版发行: 山东电子音像出版社
地　　址: 济南市英雄山路 189 号
印　　刷: 雅迪云印（天津）科技有限公司
开　　本: 889mm × 980mm　1/16
印　　张: 7.5
字　　数: 95 千字
版　　次: 2024 年 12 月第 1 版
印　　次: 2024 年 12 月第 1 次印刷
书　　号: ISBN 978-7-83012-385-7
定　　价: 45.00 元